COMMANDANT TEILLARD

CONFÉRENCE

SUR

LA TACTIQUE DE L'INFANTERIE

*Étude historique, dogmatique, synthétique
et analytique de la théorie, de la philosophie
et de la psychologie du combat*

PREMIÈRE PARTIE

1898

Conférence sur la Tactique de l'Infanterie

SOMMAIRE

INTRODUCTION

I. — **Définition et divisions. — Conception de la guerre et de la tactique.** — Affirmations des professeurs. — Le grand livre de l'histoire.

II. — **Variations des procédés de combat.** — La science métallurgique et les armes offensives. — Cinq siècles d'histoire nationale. — Inventions et perfectionnements. — Marche ascendante de l'art militaire. — Tactique des divers règnes. — Les inventions nouvelles.

III. — **Les dogmes théoriques et les méthodes tactiques du champ de bataille.** — Les variations de l'armement. — Changements successifs ; abandon et reprise des principes. — Les luttes sanglantes du moyen âge. — Les généraux de la Révolution. — Napoléon Ier. — La vieille ordonnance de 1791. — Les idées tactiques de 1870. — Les tacticiens français après 1870.

LA TACTIQUE DE L'INFANTERIE

Mon Général,

Messieurs et chers Camarades,

Ayant été appelé à traiter devant vous le sujet si important et si délicat de la tactique d'Infanterie, et comprenant tout à la fois l'honneur et les difficultés de mon mandat, ce n'est pas sans une légitime émotion que je me présente dans cette enceinte, où se trouvent réunis les représentants autorisés des diverses branches de l'armée.

Qu'il me soit permis de saluer tout d'abord la haute expérience de mes chefs hiérarchiques et aussi la direction éclairée et bienveillante qu'ils exercent si généreusement envers tous ceux qui, comme moi, — car j'espère vous en donner des preuves certaines — sont animés du seul désir de bien faire, et d'exprimer loyalement leurs idées et leurs convictions militaires, fruit d'un travail consciencieux et personnel.

INTRODUCTION

Avant d'aborder cette étude dont la voie est parsemée d'écueils, qui sont redoutables parce qu'ils représentent les préjugés et les idées conventionnelles admises pour ainsi dire sans discussion, je dois faire en toute franchise ma profession de foi et une déclaration de principes qui éclairera vos esprits sur mes tendances en matière de tactique et de science militaire.

Mon intention n'est pas de faire de la pédagogie ou du professorat, par l'exposition d'une doctrine d'école, aujourd'hui reconnue pour la vérité, et demain taxée d'erreur, d'hérésie, voire même d'imbécillité.

Je laisse ce soin aux pédants et aux idéologues, aux adeptes de la discussion byzantine qui roule sur une pointe d'aiguille souvent mal aimantée, aux partisans déclarés de la formule et de l'équation mises au service de la science la moins mathématique qu'on puisse rêver, puisqu'elle repose sur le cœur humain aux prises avec les plus vibrantes émotions, dans ce drame prestigieux de la guerre héroïque et de la bataille sensationnelle et suggestive.

Pour moi, modeste serviteur et soldat obscur, mon ambition est tout à la fois plus simple et plus noble. Je veux me renfermer dans l'histoire véridique et vécue par les générations du passé, me circonscrire dans les traditions léguées par les ancêtres de la Patrie française.

Ces vétérans portèrent haut et ferme le drapeau, l'honneur et la gloire de nos armes dans les contrées des deux mondes où brillèrent, avec un incomparable éclat, leurs exploits guerriers, sous la double auréole de la foi chrétienne et du génie gaulois.

Napoléon a écrit dans ses mémoires cette phrase caractéristique : « Achille était fils d'une déesse et d'un mortel : c'est l'image du génie de la guerre. La partie divine, c'est tout ce qui dépend des considérations morales ; la partie terrestre, tout ce qui tient à la combinaison des choses matérielles. »

Cette définition, qui frappe l'imagination par sa piquante allégorie, doit être appliquée surtout à la tactique dont le combat forme l'élément premier et le but suprême.

Le général de Brack l'a formulée, à son tour, dans un langage brutal mais non moins pittoresque : « Le moral est tout à la guerre, le reste n'est qu'une triste prose reliée en veau. »

Le mot « tactique », d'après son étymologie grecque, exprime l'art de ranger les troupes en bataille pour le combat. N'oublions pas ce sens précis qui est le véritable et qui doit survivre à travers les âges jusqu'à l'époque contemporaine.

Les dispositions premières prises par les tacticiens ont une influence capitale sur l'issue de la lutte, et l'oubli de ce principe primordial peut avoir les plus graves conséquences, amener un désastre irréparable, malgré l'extrême bravoure déployée par les combattants.

En second lieu, dans la bataille, intervient la donnée théorique des directions prises par les unités tactiques, l'objectif principal ou secondaire, buts nettement indiqués aux chefs et aux soldats.

Puis, les moyens d'action, mis en jeu pour mener à bien la mission de chaque élément de l'armée, constituent la partie positive, régulière, normale : ce sont les formations, les évolutions, les manœuvres, points de départ et but final du combat.

Enfin et par-dessus tout, brillant comme un phare, invisible aux yeux, mais perçu par l'esprit, et dominant la tempête des armées qui se ruent à l'envi l'une contre l'autre, le facteur moral se développe dans toute son intensité guerrière, surhumaine, divine, avec son cortège de dévouements, de sacrifices, de grandeur et d'héroïsme.

La tactique du champ de bataille comprend donc divers éléments consécutifs et concomittants, liés par cette synénergie qui s'appelle la discipline militaire ; ce sont : les dispositifs des troupes, les directions et les objectifs, les formations, les évolutions et les manœuvres; enfin la préparation des troupes au combat par l'éducation morale (1).

Ma conférence, basée sur les définitions que je viens de donner, se divisera par conséquent en deux parties distinctes : La première partie portera sur les études tactiques que j'appelerai historiques, positives et rationnelles. On peut aussi la définir : les dogmes théoriques ou les méthodes de guerre du champ de bataille. La seconde partie comprendra les enseignements pratiques ou mieux encore, la psychologie du combat.

(1) Cette dernière partie fera l'objet d'une étude spéciale à traiter ultérieurement.

I

Conception de la Guerre et de la Tactique.

La guerre n'étant, dans son essence, ni une science ni un art, mais bien un acte de la vie sociale, selon l'expression de Clausewitz, de même la tactique ne peut être formulée, codifiée, mise en équation ou réduite en théorie.

Sa conception repose, il est vrai, sur des bases inébranlables, positives, rationnelles ; mais elle échappe à la règlementation d'école, aux abstractions des doctrines spéculatives, à toutes les conventions, à tous les procédés, en un mot à tous les liens matériels et intellectuels qui emprisonnent la pensée et le cœur dans les productions de la science et de l'art.

Sans doute, il y a, dans la tactique, de l'art et de la science, de la théorie et des règles générales ; mais il y a aussi de l'expérience, du tact, de l'instinct, du génie ; il y a surtout des forces matérielles et morales, la puissance des muscles et l'activité du cerveau, des pensées et du cœur.

Or, cet ensemble de qualités et de vertus puissantes et agissantes, qui sont l'apanage des grands caractères et des hommes d'action, est le plus souvent un don particulier de la Providence, réservé aux natures d'élite qui ont reçu la mission sociale par excellence de conduire les soldats à la guerre et de les transformer en héros sur le champ de bataille.

Cet instinct premier, dirigé et dominé par l'étude de l'histoire militaire des divers peuples, peut aussi et doit se développer par l'expérience du noble métier des armes, par l'accroissement progressif et ininterrompu des forces physiques et morales qui sont à l'état latent dans le cœur de l'homme et dans l'âme virile des guerriers.

Si la valeur n'attend pas toujours le nombre des années, il est non moins certain que la mort seule ou les infirmités peuvent mettre un terme à l'épanouissement des vertus militaires chez les âmes bien nées et bien trempées.

Auprès de cette conception philosophique et psychologique du combat, que valent les affirmations contraires des savants professeurs qui dogmatisent et pontifient dans leurs chaires officielles.

N'est-il pas trop certain qu'ils trouvent surtout, dans cette doctrine du perpétuel changement et du renouvellement continuel de la tactique, ample matière aux disputes scholastiques et didactiques, aux articles de revues et autres documents qui alimentent la littérature militaire ; pour arriver, en fin de compte, à fondre, dans des théories renouvelables, à la volonté des faiseurs de systèmes, toutes les inventions de clichés, d'épures, de schémas, de graphiques de marche et de formations de combat.

, Comme je comprends mieux, dût-on me taxer d'indifférence et de paresse intellectuelle, cette définition humoristique du général Dragomirof : « Les « connaissances tactiques de l'officier se réduisent « à savoir où et quand il faut employer la balle ou « la baïonnette, où et quand il faut former sa « troupe. »

Ah ! je sais bien qu'il y a une phrase de Napoléon qui semble donner raison aux théoriciens irréductibles de la mutabilité de la tactique à travers les âges :

« Une armée doit changer sa tactique tous les dix ans. »

Quelle est donc la signification de cette boutade du grand homme, écrit un critique qui signe « Trois Étoiles » dans la *Revue des Deux-Mondes*, en 1895 ?

« En 1810, toutes les armées européennes avaient copié l'armée française. Les unes après les autres, elles avaient abandonné la tactique linéaire pour avoir, comme nous, des tirailleurs nombreux et agiles, pour former des colonnes et combattre dans l'ordre perpendiculaire. Cette imitation était, sans doute, la meilleure preuve de la supériorité de notre tactique ; mais, en même temps, elle enlevait à l'armée française un des éléments les plus actifs de la prodigieuse grandeur de ses succès. Napoléon, qui avait assisté aux merveilleux effets de la tactique nouvelle sur les champs de bataille, et qui avait recueilli les fruits de l'écrasante supériorité acquise à nos armées, s'affligeait de ne plus obtenir les mêmes résultats ; il aurait voulu pouvoir étonner à nouveau le monde, et il se laissait alors aller à rêver d'une tactique nouvelle qui eût surpris les armées de l'Europe, ses trop fidèles imitatrices, et lui eût rendu la grandeur de ses premiers triomphes. Voilà pourquoi il s'écriait : « Il faut changer la tactique tous les dix ans. »

Je pourrais ajouter que les Mémoires de Napoléon donnent une autre version qui pourrait bien être la véritable et qui est ainsi conçue :

« Une nation qui veut maintenir sa prééminence « militaire doit modifier ses institutions militaires « tous les dix ans. »

Mais il est inutile d'ergoter sur ces textes, la cause me paraît entendue.

Non, la tactique ne change pas tous les dix ans ; elle est immuable, parce qu'elle a sa source dans le cœur humain ; ses racines pénètrent dans la masse des nations armées, où elle puise le suc vivifiant qui produit sa force et fait éclater sa grandeur sous l'action vibrante de chefs auréolés de la gloire, de l'héroïsme et du génie.

Après cette ascension dans les hautes sphères philosophiques du combat, et pour en venir à la réalité des faits, ouvrons le grand livre de l'histoire, cette lumineuse directrice de l'humanité : *Magistra vitæ*, — nous y trouverons les lois fondamentales de la tactique se perpétuant à travers les âges, toujours semblables, pour ainsi dire identiques à elles-mêmes, modifiées seulement à certaines époques, améliorées quelquefois et souvent aussi délaissées par les ignorants ou les pusillanimes.

L'abandon des principes primordiaux, on pourrait dire éternels, du combat conduit fatalement à la défaite, et leur emploi judicieux ramène la victoire sous nos drapeaux. Là seulement se trouve le secret de la grandeur ou de la décadence des nations ; en eux se résume l'évolution historique des peuples. Là enfin résident les causes vraies et inéluctables de la supériorité morale qui fut dans le passé et qui sera encore dans l'avenir le gage le plus certain des succès, des triomphes et de la gloire des armées.

II

Variations des Procédés de Combat.

———

De l'immutabilité de la doctrine tactique, nettement établie par la tradition historique universelle, il serait éminemment dangereux et paradoxal de conclure à l'inflexibilité des moyens d'action qu'elle met en œuvre.

Les variations des procédés de combat forment, dans la suite des siècles, une chaine continue de progrès, d'améliorations, de changements lents ou brusques, de temps d'arrêt et quelquefois de mouvements de recul.

Ces variations sont la conséquence logique et la caractéristique propre des idées contingentes et des solutions secondaires, nées de l'inconstance des hommes, des inventions industrielles, de l'esprit d'imitation, de l'influence des temps et des lieux, surtout des nécessités et des conditions multiples des guerres internationales, de races ou de religions.

La science métallurgique des races touraniennes marque le premier pas dans la fabrication des armes offensives : l'âge du bronze et du fer succède aux époques préhistoriques de la pierre, du silex et de l'os taillé en forme de couteau ou en pointe de lance.

Les flèches et les javelots remplacent les haches et les massues de l'homme primitif.

Les armures défensives, boucliers et pavois, dérivent naturellement de la puissance des armes de jet ; c'est l'éternelle lutte de la cuirasse et du boulet. L'histoire militaire est un perpétuel recommencement ; il n'y a rien de véritablement nouveau sur cette terre. Les lois qui régissent l'humanité sont inflexibles et immuables.

L'invention de la poudre étonne d'abord les combattants, puis les épouvante plus encore par sa bruyante détonation que par l'efficacité des armes à feu. Cependant, avec les progrès de la balistique, « cet artifice du diable », comme dit Montluc, devient dangereux, et le soldat se barde de fer.

Mais le fantassin ne tarde pas à s'apercevoir qu'il fait fausse route en s'alourdissant outre mesure ; il comprend que son salut est plutôt dans la marche en avant, dans l'offensive énergique, que dans la passivité et la défensive inerte et stupide.

Le Français, longtemps réfractaire à l'emploi des armes à feu portatives, revient, à partir du XVe siècle, à la furie gauloise, tout en se servant avec intelligence des armes nouvelles : l'arquebuse, le mousquet ou le fusil à baïonnette, à l'aide desquelles il prépare tout à la fois le combat et détermine le succès par l'assaut violent, impétueux et décisif.

Cinq siècles d'histoire nationale conduisent la France de Crécy à Waterloo, de Cocherel à Sébastopol, par des étapes dont la multiplicité et la périodicité sont marquées par des guerres le plus souvent offensives, par des progrès constants dans la direction des armées au service de rois vraiment organisateurs de la Patrie, et de capitaines illustres par le courage et le génie militaire.

Les diverses périodes de ces glorieuses annales sont caractérisées par des inventions et des perfectionnements depuis l'arc et la fronde jusqu'au fusil de petit calibre, en passant par l'arbalète, l'arquebuse, le mousquet, le fusil à pierre et à piston et la baïonnette française.

L'art militaire suit la même marche ascendante et croît en puissance offensive depuis les batailles massives de la guerre de cent ans, jusqu'à l'ordre dispersé de la période contemporaine. Toute la série des types de formations en ordre profond et en ordre mince, des carrés pleins aux lignes de tirailleurs, fait son apparition sur les champs de bataille.

La tactique des règnes de Philippe-Auguste, Philippe VI, Charles V, François Ier, d'Henri IV, de Louis XIV et de Napoléon est calquée sur le même modèle : le choc de la masse préparé par les troupes légères et les armes de jet.

Chaque bataille est livrée d'après les mêmes principes, et les méthodes de guerre sont réglées par des formules identiques ; il n'y a de différences que dans l'application qui en est faite suivant le génie des chefs d'armée.

Les grands hommes de guerre sont inspirés par les mêmes sentiments de prudence et d'audace, d'habileté et de vigueur. Tous les prodiges de la science militaire prennent leur origine dans une conception tout à la fois brutale et intelligente du combat passionné et destructif.

« La science militaire, dit le philosophe Proudhon, n'a pas fait un pas depuis les Thermopyles. Elle a varié avec la nature des armes ; on ne se bat pas avec le canon et le fusil, comme avec le javelot, l'arc et le bouclier. A cela près, nulle invention, nulle découverte. Une armée, un bataillon est un instrument de force, rien de plus, rien de moins. L'ordre de combat direct, oblique, convergent, etc., sont connus, immuables. »

« On comprend que la science militaire ne progresse pas, ajoute Dragomirof, sous forme de commentaire, et il n'en peut être autrement. En effet, depuis les temps les plus reculés, l'homme est resté le même physiquement et moralement et combat toujours sur la même terre. Les armes elles-mêmes ne sont qu'un perfectionnement du bras humain qui lui permet de lancer quelque chose ou de frapper directement. Si dans une multiplication, les facteurs principaux ne changent point, le produit sera évidemment constant, à part de petites variations insignifiantes. »

Oui, messieurs, les inventions nouvelles n'ont jamais arrêté l'élan des troupes, sous l'impulsion de capitaines doués du sens de la bataille puissante, de l'instinct génial de la propulsion de la masse, malléable et dirigeable par les secrets et intimes ressorts de l'âme généreuse, magnétisée par le souffle des idées nationales, patriotiques ou religieuses.

III

Les Dogmes théoriques et les Méthodes tactiques du champ de bataille.

La *Revue des Deux-Mondes* de 1895, dans un article très documenté sur la tactique moderne de l'infanterie, met la question à son point essentiel avec une netteté et une précision aussi expérimentales que théoriques.

L'auteur anonyme étudie la science et l'art militaire de la « reine des batailles », depuis ses origines jusqu'à nos jours, en faisant ressortir d'une manière lucide et positive les variations des procédés de combat de cette arme, si particulièrement sensible aux fluctuations nées de l'opinion publique et de l'influence de l'armement.

Les méthodes tactiques du champ de bataille et les formations pour le combat présentent, dans l'histoire militaire, une trame sans fin, composée de changements successifs, d'abandon et de reprise de principes, toutes modifications qui ont leur source nnique soit dans l'ignorance des véritables règles ou l'affaiblissement des caractères, soit dans une conception plus vraie du cœur humain et de l'enthousiasme national mis en œuvre par le génie des grands capitaines.

Après les luttes sanglantes du moyen âge, où le corps à corps et le combat à l'arme blanche rendaient, pour ainsi dire, la fuite impossible au vaincu et entraînaient son massacre sans trêve ni merci, nous arrivons, avec l'invention des armes à feu, à la disparition progressive des batailles rangées, à la fin du XVIe siècle. C'est alors la période des sièges et des coups de main.

De Gustave-Adolphe au milieu du XVIIIe siècle, c'est l'ère du triomphe des lignes et des feux, dans les guerres de Louis XIII, de Louis XIV et de Louis XV. Toutefois, de temps à autre, réapparaît la vieille furie française, avec la colonne et la charge à la baïonnette. C'est le coup de boutoir désespéré des dernières guerres du Grand-Roi contre la coalition européenne.

Sous Frédéric II, la tactique linéaire arrive à son apogée ; mais la période qui est comprise entre la guerre de Sept-Ans et la Révolution voit naître et se dérouler la fameuse querelle entre les Dumesnil-Durandistes, élèves de Folard, et les Guibertistes, soutenus par l'école officielle du comte de Saint-Germain. Les premiers, avec l'appui du maréchal de Saxe, veulent revenir à l'ordre profond, l'ordre vraiment français ; les seconds tiennent pour l'ordre mince, qualifié prussien par leurs adversaires.

L'ordre perpendiculaire et l'ordre linéaire se livrent un combat académique qui se termine par l'adoption du règlement de 1791, fondé rigoureusement sur la tactique du feu, mais qui, sous la pression de l'opinion publique, fut contraint d'admettre l'emploi des tirailleurs et la formation du bataillon en colonne serrée pour l'attaque.

Les jeunes généraux de la Révolution s'empressèrent de jeter par-dessus bord cet héritage de théories surannées, légué par les admirateurs des manœuvres savantes de Postdam, du pas cadencé, du pas oblique et autres futilités que les Guibertistes avaient confondues avec les audacieuses conceptions stratégiques et le génie guerrier du grand Frédéric.

Les armées de la République combattirent en ordre profond et luttèrent avec avantage contre l'ordre mince des élèves du roi de Prusse, au moyen de colonnes légères et entreprenantes, précédées et entourées de nombreux tirailleurs.

Napoléon se garda bien de délaisser ces procédés tactiques si merveilleusement adaptés à l'élan de notre race. Ce grand homme de guerre, en améliorant la méthode, en fit la base de ses succès, l'élément et l'arme de combat auxquels il dut ses triomphes mémorables de Marengo, d'Austerlitz, d'Iéna et de Friedland.

Aussi, a-t-on de la peine à croire que ces glorieuses méthodes de guerre qui, sous l'inspiration puissante du plus grand génie guerrier des temps modernes, avaient permis à nos armées de planter le drapeau de la France dans toutes les capitales de l'Europe, à nos aigles triomphantes de voler sur les ailes de la Victoire d'Arcole aux Pyramides, du Tage à la Vistule; que cette tactique vraiment nationale, en un mot, soit tombée en désuétude sous les gouvernements qui se succédèrent dans notre patrie de 1815 à 1870.

Il en fut ainsi cependant, et la vieille ordonnance de 1791, qui n'avait jamais été sérieusement appliquée, survécut à toutes les organisations militaires, reprit sa place dans le règlement de 1831, fut ensuite reproduite dans celui de 1862 et reparut même, sauf quelques légères modifications, dans la théorie de 1869.

Heureusement l'armée française sut s'affranchir de procédés de bataille plus ou moins calqués sur la tactique linéaire et dont le couronnement fut la mise en scène des savantes évolutions de ligne du camp de Châlons.

Les guerres d'Afrique où l'esprit d'initiative et d'offensive trouva largement à se développer, puis les campagnes de Crimée et d'Italie qui furent résolues par des coups d'audace et l'emploi de colonnes d'assaut de demi-bataillons, remirent en honneur, mais à côté et en dehors des documents officiels ou ordonnances ministérielles, l'instinct offensif inné dans nos troupes et qui ramena encore une fois la victoire sous nos drapeaux.

En 1870, les idées qui prévalurent dès le début de la guerre étaient, hélas ! manifestement dirigées vers une défense stratégique et tactique, augmentées par une tendance exagérée à l'usage de la fortification, et par l'abandon presque complet du combat en tirailleurs. Aussi a-t-on pu dire avec raison, que le triomphe des Allemands dans cette funeste guerre ne fut pas seulement celui du haut commandement et de la stratégie, mais qu'il fut encore et surtout un triomphe tactique.

En effet, nos ennemis, qui avaient adopté l'ordre français après Iéna, en développèrent les formations dans leurs règlements de 1812, 1825 et 1847, les modifiant sur un seul point : la colonne de bataillon de 1.000 hommes, trop lourde, fut remplacée avantageusement par les petites colonnes de compagnies plus légères, pouvant facilement se plier à tous les terrains dans la marche d'approche et se prêtant mieux au déploiement rapide d'une ligne de feu.

« Après la guerre de 1870, dit l'auteur de l'article dont j'ai déjà parlé, les tacticiens français, si longtemps engourdis dans leur vaniteuse quiétude, tirés brusquement de leur torpeur, posèrent avec éclat le principe fondamental de l'ordre dispersé, la toute-puissance du tirailleur, sans en prévoir peut-être la principale conséquence qui est la consécration de la toute-puissance du feu.

« Si le combat ne doit plus être que la lutte à coups de fusils de deux lignes de tirailleurs, c'est à l'énorme puissance du feu que ce résultat sera dû.

« Par suite, plus de lignes, plus de colonnes. L'ordre mince et l'ordre profond seront renvoyés dos à dos. L'action du feu, si l'on sait en tirer parti, suffira à décider du sort de la bataille, parce qu'elle peut suffire à anéantir matériellement l'ennemi.

« Dès lors, à quoi bon s'exposer aux coups et subir des pertes inutiles en s'obstinant à courir sur son adversaire au lieu de le chasser à coups de fusils? La charge ne sera bientôt plus qu'une légende et la baïonnette un instrument à déposer dans les musées, à côté des armures, des mousquets, des fusils à pierre ou à piston. »

Dans cet ordre d'idées, le général Lewal, en 1874, dans ses retentissantes *Études*, résumant ce qu'il appelle les prodromes incontestables de la tactique moderne, disait : « Le feu a une immense supériorité sur le choc : le fusil est donc l'essentiel, et le choc l'accessoire. »

C'est de ce système que naquit le règlement de 1875.

A cette étrange théorie, le colonel allemand von Kühne répond avec à-propos : « Croit-on pouvoir éviter le choc suprême? Croit-on sérieusement pouvoir le remplacer par une simple marche en avant en tirant et atteindre le but par la seule puissance du feu? »

Dragomirof, le célèbre tacticien russe, le fougueux disciple de Souwarof, tranche la question et résume la discussion par cet épilogue caractéristique : « Quelle est donc la secrète pensée de ces lignes minces et flottantes, que l'on voit s'arrêter pour s'adonner au tir? Elles espèrent sans doute contraindre, à distance, l'adversaire à tourner les talons.

Or cet espoir est la négation formelle d'une autre pensée : la résolution suprême d'aborder l'ennemi corps à corps, ce qui est le moyen par excellence d'atteindre le but. D'ailleurs, qu'on ne s'y trompe pas, les tirailleurs ne s'arrêtent pas pour tirer ; ils tirent parce qu'ils s'arrêtent.

« Est-ce que celui qui ne porte pas la charge dans son cœur pourra seulement approcher son adversaire à bonne portée de fusil ? Celui qui ne sait pas ou ne veut pas charger ne tirera même pas. »

Concluons donc avec l'auteur de la guerre moderne — articles parus en 1884 dans la *Revue des Deux-Mondes* — : « A la guerre, un élément, l'élément humain, demeure immuable et en est la plus solide base. En dépit des époques ou des contrées, des saisons ou des armements, l'homme, dans le combat, reste identique à lui-même, toujours au même degré impressionnable, accessible aux mêmes entraînements et aux mêmes terreurs. »

I V

La Guerre moderne.

———

Le règlement de 1884 constituait un premier retour dans la voie de la recherche du choc; mais sa formation de combat présentait un mécanisme trop ingénieusement agencé, trop adroitement combiné et infiniment trop compliqué par la rigidité et la continuité mathématique des efforts des lignes de tirailleurs.

La théorie de 1894 supprime heureusement la formation normale de combat et le fonctionnement difficile de rouages délicats. Plus d'échelonnement multiple, de marche en échelons, de bonds successifs; plus de feux lents, de tir à cartouches comptées, de salves adroitement distribuées sur le terrain, « en plates-bandes » ou comme des « coups d'arrosoir » !

« En résumé, dit l'auteur précité, une ligne de tirailleurs qui fusillent l'adversaire, de petites colonnes qui le frappent, voilà le dernier mot de la tactique moderne.

« L'offensive reparaît donc sous sa vraie forme, qui est celle du choc direct, et réduit le feu à son véritable rôle, qui est celui de la préparation du choc ; elle en revient pour cela purement et simplement aux deux formations qui personnifient ces deux actions : les tirailleurs et la colonne. »

C'est aussi l'opinion du général Dragomirof : « La tactique napoléonienne repose sur des bases inaltérables, sur des principes qui ne seront jamais atteints par les transformations de l'armement. »

Enfin, voici une dernière appréciation non moins concluante. Elle est tirée d'un article de la *Revue des Deux-Mondes*, en 1890, sous le titre : *La Cavalerie dans la Guerre moderne :*

« Entre ce qu'écrivait l'empereur Léon au IXe siècle et ce qu'enseigne un professeur de l'École de guerre en 1889, il n'y a que la différence de la forme et du cadre. Les progrès de la balistique ne changent rien aux deux facteurs primitifs et simples : une énergie morale et une force matérielle, une résolution et un choc. »

Une série d'articles parus, en 1896, dans la *Revue militaire de l'Étranger*, va nous faire connaître les tendances actuelles de l'infanterie allemande, en matière de tactique du champ de bataille, la seule que nous ayons envisagée dans ce travail d'étude.

D'après un article du *Militär Wochenblatt*, immédiatement avant la bataille, la marche d'approche à travers champs, en formation de rassemblement, donne la plus grande expression de la préparation au combat ; car, dans le combat de rencontre, qui sera le plus fréquent, dit l'auteur, et avec la formation de marche adoptée aujourd'hui, la division ne sera pas en état de se déployer tranquillement et d'obtenir l'unité d'action dans la bataille.

Or, « les meilleures batailles », écrivait Frédéric II, « sont celles qu'on impose à l'adversaire ».

Passant au combat proprement dit, les Allemands estiment que l'adoption de la poudre sans fumée et du fusil de petit calibre n'a pas modifié la forme générale du combat moderne ; la durée seule de chacune des deux grandes phases qui le composent — préparation et attaque décisive — a dû subir un changement radical. Il ne s'agit ici, bien entendu, que du combat prolongé sur tout ou partie du front.

Les défenseurs à outrance du règlement, à leur tête les généraux von der Goltz et Bronsart von Schellendorf, soutiennent que dans le combat d'infanterie — soit dit en passant, pourquoi faire abstraction des autres armes ? — le succès dépend, indépendamment des facteurs moraux, — quelle savante restriction ! — de la supériorité acquise par la concentration du feu de lignes étendues sur les points décisifs. Pour obtenir ce résultat, — que j'estime bien théorique, — les Allemands comptent sur la supériorité de l'instruction individuelle de leurs tireurs, que les Français et les Russes, disent-ils, ne pourront atteindre avant longtemps.

A cette double affirmation, que les événements

pourraient bien démentir, j'opposerai la thèse que défend M. de Villebois-Mareuil, dans un article très documenté dont voici la conclusion : « L'excès de perfection de l'armement nous commande plus qu'avant de chercher la solution du combat dans l'impromptu, le coup d'audace, la surprise enfin qui résume le succès à la guerre. » C'est le commentaire de cet axiome de Napoléon : « Tout ce qui est inattendu à la guerre est d'un grand effet. »

Ne croirait-on pas aussi entendre un écho de la voix du maréchal de Saxe, qui disait, il y a cent cinquante ans, que les Français devraient éviter les affaires de plaine et se borner aux coups de main et d'audace et à l'assaut des postes fortifiés.

Un journal militaire, le *Lœbell's Jahresbericht*, affirme que le développement du combat, conforme à l'esprit du temps, se rapproche souvent de la tactique linéaire, qui ne cherche son salut que dans l'efficacité du feu, l'attaque à la baïonnette étant aujourd'hui du domaine de la légende. Pour l'auteur, la tactique de l'infanterie se résume en un seul mot : tirer. Il en résulte que le combat en tirailleurs est la forme unique à employer et que l'instruction individuelle doit être la base fondamentale de l'instruction tactique.

Cela est possible dans une certaine mesure, mais il n'en est pas moins certain, suivant un axiome militaire, qu'une troupe bien en main, moins instruite, vaut mieux qu'une troupe plus instruite, moins en main.

On pourrait aussi adresser aux Allemands les

conseils humoristiques de Dragomirof à ses soldats, se résumant ainsi : 1° tapez dans le tas ; 2° tapez dans le tas ; 3° tapez dans le tas.

Ce qui malheureusement prête moins à la plaisanterie et qui demande, au contraire, à être médité sérieusement, ce sont les insinuations graves de l'empereur d'Allemagne, qui prétend, d'après un correspondant de la *Nouvelle Revue*, que les tacticiens français prônent le combat à distance et le « tir détaché de l'acte », c'est-à-dire de l'offensive, et qu'ils cherchent à livrer le combat le plus loin possible, sans aller chercher l'adversaire sur la position.

Les prescriptions officielles et les tendances de l'infanterie allemande, que nous avons étudiées jusqu'ici, ne portent que sur le combat démonstratif ou de préparation. Or, même dans ce cas, on prévoit, de l'autre côté des Vosges, que les réserves devront se présenter au combat en ordre serré, bien que certains écrivains, notamment le général von Scherff, préconisent la formation sur un rang pour les fractions destinées à renforcer la ligne de tirailleurs.

D'autre part, les Allemands semblent être absolument opposés aux feux de salves et au tir à grande distance, malgré la portée et la précision des armes actuelles. Ils se souviennent, sans doute, de ce précepte du maréchal de Saxe : « La tirerie fait plus de bruit que de mal et fait toujours battre ceux qui s'en servent. Il faut marcher fièrement à l'ennemi et défendre à l'infanterie de tirer ; cela ne fait que l'arrêter et ce n'est pas le nombre d'ennemis tués qui vous donne la victoire, mais le terrain que vous avez gagné. »

En ce qui concerne le combat décisif, les opinions des chefs de l'armée allemande sont très partagées pour ce qui a trait aux dispositions à prendre en vue de l'assaut. Les uns voudraient préciser, d'une façon plus complète que ne le fait la théorie, les procédés d'attaque de l'infanterie ; d'autres réclament la liberté de la forme, le règlement devant seulement prévoir des directions à donner pour l'assaut, mais laisser le choix des moyens à chacun, dans la sphère de la mission qui lui a été dévolue.

Quelques auteurs pensent que l'emploi de la masse ne saurait réussir que dans le cas où les armées adverses, marchant à la rencontre l'une de l'autre, se heurteraient dans un choc gigantesque.

Il semble, toutefois, qu'à l'heure actuelle, toutes les nations militaires sont unanimes dans la conviction que le choc de la masse d'infanterie ne peut se produire qu'avec l'aide et le secours des autres armes, soit de quelques batteries d'artillerie et de tous les escadrons disponibles, pour que l'effet moral soit complet et irrésistible.

On ne met pas en doute non plus que les batailles auront une durée qui atteindra quelquefois plusieurs journées de lutte, interrompues par des cheminements de nuit et des attaques formidables, pareilles à l'assaut des places fortes, préparées dans les ténèbres pour éclater au point du jour avec tous les effets terrifiants de l'imprévu et de la surprise.

Concluons avec Clausewitz : « Que la théorie doit prendre en considération le caractère humain et laisser le jeu qui leur est nécessaire au courage, à la hardiesse, à la témérité même. Ayant affaire à des forces vivantes et à des forces morales, l'art militaire ne peut rien stipuler d'absolu ni de certain, et, partout et toujours, dans les circonstances les plus compliquées comme les plus simples, il lui faut faire la part de l'imprévu. »

V

Les Enseignements pratiques. — La Psychologie du Combat.

« Celui qui veut une chose, écrit Joseph de Maistre, en vient à bout ; mais la chose la plus difficile dans ce monde est de vouloir. »

Les générations de notre fin de siècle sont éprises d'un réalisme décevant et altérées d'une science pédagogique qui les conduit fatalement à la matérialisation inconcevable de la pensée. Il semble qu'on ne peut les convaincre d'une théorie abstraite et idéale que par des raisonnements mathématiques et des expériences où le calcul des chiffres occupe la part prépondérante, sinon absolue.

Les résultats obtenus dans les polygones et les champs de tir hypnotisent les masses et séduisent l'imagination des natures primesautières dépourvues de la pondération que donne l'expérience des choses vécues, privées des sensations psychologiques qui sont ressenties par l'esprit et le cœur, sur la scène tragique de la guerre, au souffle vivifiant qui saisit l'âme dans l'atmosphère du combat.

La puissance des armes à feu — fusils de petit calibre et canons à tir rapide — paraît avoir porté à son paroxysme la terreur des combattants. « Les chevaliers du plomb et de la balle », suivant la pittoresque appellation de Dragomirof, tiennent la corde et dirigent l'opinion publique en ce moment. A les entendre, les effets utiles du tir de l'artillerie et de l'infanterie sont tels que la marche en avant n'est plus possible si l'on n'a pas acquis soi-même la supériorité du feu.

Ainsi, pour ces théoriciens, les troupes ne sont plus que des cibles vivantes et le résultat le plus clair qu'on doit attendre de la tactique, c'est de lutter par l'habileté du tireur et le nombre de fusils mis en ligne, afin de rendre la position intenable à l'adversaire.

Le général Dragomirof, indigné de ces prétentions puériles, s'écrie : « Eh ! oui. La fortune ne sert de rien aux imbéciles, au contraire. Les enfants de la civilisation moderne auront la bonne fortune de tenir entre leurs mains des instruments de plus en plus perfectionnés ; mais si on leur répète trop souvent qu'avec cette arme merveilleuse ils peuvent se débarrasser à distance de leur adversaire, si on ne les convainc pas qu'au contraire ils le mettront sûrement à bas le jour où ils auront le cœur d'aller le regarder dans les yeux, alors on les verra plus désarmés, plus stupides devant l'ennemi avec leur magnifique fusil qu'avec les hallebardes de leurs ancêtres. »

Dans les raisonnements captieux des hommes de la science balistique, il n'est plus question des formes variées du terrain, des directions prises par l'assaillant et des terrifiantes surprises qui en sont la conséquence, enfin du tempérament physique et moral du soldat. Le combat devient un concours dans lequel la palme de la victoire est obtenue par les meilleurs tireurs.

Voyez-vous ces régiments transformés en Sociétés de tir, et chaque combattant rivalisant de zèle pour obtenir le meilleur « carton ».

Vraiment quel mobile peut animer les troupes, dans cette situation éminemment critique qu'est la bataille conduite par le feu? Quel soutien moral trouveront ces soldats immobilisés en rase campagne, voire même abrités derrière les plis du sol, des obstacles naturels ou des tranchées-abris?

Et finalement, quel ressort puissant pourra les tirer de l'engourdissement d'une fonction passive qui, au dire des règlements, doit leur assurer à peu près seule la victoire, pour les lancer à quelques centaines de mètres en avant, c'est-à-dire à une distance où le feu de leurs armes ne produira pas un effet sensiblement supérieur sur l'adversaire?

La défense elle-même, qui pourrait bénéficier plus largement de ce duel d'infanterie, sur des positions choisies et le plus souvent retranchées, n'aura-t-elle donc qu'à exécuter un tir précis et ininterrompu sur des cibles et des objectifs de polygone?

Indépendamment des émotions qui l'atteindront plus vivement encore que dans l'acte offensif, possédera-t-elle tous les éléments de sécurité qu'on lui suppose gratuitement? Sera-t-elle pourvue du stock de munitions suffisant pour alimenter cette effroyable consommation de cartouches, résultat évident et inéluctable d'une tirerie exagérée et d'une fusillade commencée à l'extrême limite de la portée des armes?

Puis, toutes choses égales d'ailleurs, le terrain se prêtera-t-il comme par enchantement à l'exécution de feux sur des points repérés, sur des objectifs visibles aux grandes et aux moyennes distances? Enfin, dans la dernière phase du combat, y aura-t-il toujours le classique glacis que prévoient les règlements de manœuvre et les théories imaginaires?

Que faut-il donc faire? me direz-vous. Le maréchal de Saxe va nous l'apprendre en quelques mots : « Ce dont il faut bien s'occuper, dit il, — et le précepte est vrai pour la défensive comme pour l'offensive — c'est d'observer la contenance de l'ennemi, les mouvements qu'il fait, où il porte ses troupes; de chercher à lui donner soupçon dans un endroit, pour lui faire faire quelque fausse démarche; de savoir profiter des moments, et de porter le coup de la mort où il le faut. Mais, pour cela, on doit se conserver le jugement libre et n'être pas occupé des petites choses. »

Voilà donc les deux armées ennemies rangées en bataille, face à face, s'observant avec une scrupuleuse fixité. Les télémètres fonctionnent et repèrent les distances ; les jumelles sont braquées, fébrilement, pour déterminer les positions de l'adversaire et constater les points de chute, ainsi que les effets utiles. Cette situation ne durera pas indéfiniment, ou alors nous en arriverions à la négation du combat. Il faut bien que l'une ou l'autre des deux troupes prenne l'initiative du mouvement en avant.

Comment procéder à cette manœuvre ? — car tout est prévu par la théorie... — Par quels moyens tactiques arriverait-on à franchir cette zone de feu, que l'on voudrait nous faire concevoir comme étant inabordable avec la puissance des armes nouvelles ?

Les théoriciens du tir, les plus irréductibles, qui considèrent une position bien défendue comme imprenable, sont bien obligés d'accepter l'attaque décisive, l'assaut final, comme le but nécessaire de toute action de guerre.

C'est alors qu'intervient la question des formations à prendre par la troupe assaillante d'infanterie.

Sans doute, dans cet ordre d'idées, les indications expérimentales obtenues dans les écoles de tir sont d'un grand enseignement et doivent être largement utilisées dans la pratique du combat. La folle témérité, l'oubli des principes fondamentaux et des résultats basés sur l'étude des guerres antérieures sont condamnables et conduisent aux plus sérieux désastres, en matière de tactique.

Mais ne peut-on pas craindre aussi de tomber dans l'exagération contraire, en prenant au pied de la lettre les enseignements de professeurs animés certainement de louables intentions, mais dont les efforts et les tendances raisonnables et logiques, au moins dans les prémisses de leurs cours, sont souvent empreints d'un formalisme absolu et irréductible dans les conclusions ?

N'est-il pas permis de supposer que l'usage exclusif des expériences du polygone les a trop disposés à négliger les facteurs d'ordre général, positifs et qui dérivent de la réalité des faits du champ de bataille ?

Il est évident que l'emploi de formations judicieuses, appropriées au terrain et surtout à la situation tactique du moment, doit être pris en sérieuse considération, sous peine d'arriver à un échec souvent irréparable. Mais n'y a-t-il pas aussi lieu de considérer que, dans toutes les guerres, avec les armes offensives ou défensives — armes de jet ou de choc, flèches ou fusils à tir rapide — les massacres en masse se sont produits de loin comme de près ?

La phalange macédonienne, comme les légions romaines, la bataille massive du moyen âge, comme les colonnes de la période napoléonienne, ont été enfoncées par le javelot ou la pique, le boulet, le choc de la cavalerie ou la charge à la baïonnette.

C'est l'effet moral de l'attaque décisive, entraînante, désespérée même ! Ne doit-on plus compter avec sa valeur prestigieuse et surhumaine ? Les enseignements de l'histoire seront-ils lettre morte, et la tradition vécue de nos pères tombera-t-elle dans le domaine de la légende et du mythe, au profit de raisonnements captieux, basés sur des calculs problématiques d'école, de champs de tir et de polygones ?

Ne serons-nous arrivés au XXe siècle que pour édifier des théories en désaccord formel avec les données de l'expérience d'une série indéfinie de siècles guerriers ?

L'histoire, qui constate la permanence des faits et des actions de l'humanité par leur renouvellement même, sera-t-elle en défaut uniquement sur le terrain militaire ?

Non, messieurs. La guerre de demain se fera comme celle des âges antérieurs, parce que, dans les combinaisons multiples du combat, à part quelques modifications de détail, d'ordre matériel, la bataille sera toujours livrée avec l'esprit et le cœur ; parce que le facteur qui ne change pas, dans cette équation de deux courages, de deux volontés mises en présence, c'est le cœur du guerrier : l'âme humaine avec sa puissance de dévouement, sa conscience ouverte aux nobles pensées et sa connaissance intime du devoir, de la grandeur et de l'héroïsme.

CONCLUSION

Je termine enfin et je me résume par une dernière citation, dont vous apprécierez, comme moi, la haute portée et le sens profond :

« La volonté, dit le général Dragomirof, est la cause unique du succès et de la gloire militaire. Là où elle se trouve, là est, malgré tout, la victoire. Là où elle manque, là est, malgré tout aussi, la défaite ; malgré l'excellence de l'organisation, malgré la supériorité du matériel, malgré la perfection de l'armement.

« Celui qui a la force d'inspirer la foi dans la victoire sera victorieux, quoiqu'il ne soit rien moins que guerrier ; la preuve la plus irréfutable en a été donnée par une jeune fille de dix-huit ans. »

Saluez, messieurs, cette belle et touchante figure de notre histoire nationale. Saluez et honorez la

douce vierge de Lorraine, la naïve bergère de Don-
rémy, la sainte et héroïque patriote du XVe siècle,
l'ange tutélaire et prédestiné de la France chrétienne ; c'est la patronne de l'armée :

JEANNE D'ARC !

9 782329 667904